NOTICE

SUR LE

SPÉCULUM UTÉRI

QUELQUES RÉFLEXIONS

RELATIVES A SON APPLICATION, ET AU CHOIX QUE CETTE APPLICATION
RÉCLAME.

NOUVEAU SPÉCULUM

S'APPLIQUANT SANS DOULEUR ET PERMETTANT D'EXPLORER SIMULTANÉMENT
TOUTE L'ÉTENDUE DE LA MUQUEUSE VAGINALE ET LE COL DE L'UTÉRUS.

PAR

F. MAGONTY,

docteur en médecine.

PARIS

CHEZ L'AUTEUR, 26, RUE BLEUE.

—

1850

NOTICE

SUR LE

SPÉCULUM UTÉRI

QUELQUES RÉFLEXIONS

RELATIVES A SON APPLICATION, ET AU CHOIX QUE CETTE APPLICATION
RÉCLAME.

NOUVEAU SPÉCULUM

S'APPLIQUANT SANS DOULEUR ET PERMETTANT D'EXPLORER SIMULTANÉMENT
TOUTE L'ÉTENDUE DE LA MUQUEUSE VAGINALE ET LE COL DE L'UTÉRUS.

PAR

F. MAGONTY,

docteur en médecine.

PARIS

CHEZ L'AUTEUR, 26, RUE BLEUE.

—

1850

NOTICE

SUR LE

SPÉCULUM UTÉRI

Nous avons dit tout ce que nous avions à dire des maladies des organes sexuels de la femme. Nous en parlerons pourtant encore, mais brièvement.

Cette notice qui, d'ailleurs, n'est que l'appendice d'un travail que nous nous proposons de publier avant peu (1), est destinée à entretenir le lecteur d'un moyen explorateur connu dans l'art de guérir, du spéculum utéri, que plusieurs siècles laissèrent dans l'oubli, ou à peine employé, sans qu'il soit facile de s'expliquer la longue indifférence des médecins pour

____

(1) *Recherches sur les causes des affections des organes génitaux de la femme.*

cet important auxiliaire, si ce n'est en en accusant les théories médicales qui durent sans doute, alors qu'elles régnaient, en éloigner l'usage; sans en accuser, avec plus de vérité peut-être, la complication barbare de son mécanisme qui le rendit si longtemps inaccessible à la pratique.

Nous désirons aussi, pour payer notre faible tribut à la science, signaler un *spéculum* que nous avons imaginé, et qui nous a beaucoup secondé dans nos investigations spéciales. Mais, avant d'arriver au fait de cette invention, ou plutôt à cette perfection exceptionnelle du dioptre, disons quelques mots de cet instrument et de l'emploi qu'on en fait. Tous les médecins savent que si, pendant près de neuf siècles, le dilatatoire vaginal dont nous parlons fut réservé à des cas rares et extrêmes, il n'en est plus de même. Médecins et sages-femmes s'en servent à l'envi. La gloire de cette espèce de résurrection, qui l'a répandu comme la lancette, appartient à Récamier. Ce médecin célèbre s'occupant des maladies sexuelles de la femme, les difficultés de diagnostic lui firent mettre en faveur, dès 1816, le cylindre creux en étain bien poli, ayant l'extrémité qui doit rester en dehors du vagin, largement évasée et taillée de haut en bas en bec de flûte. Ce cylindre conique était à peu près l'*infundibulum* des Anciens. Dupuytren réduisit ce tube, trop long dans le principe, à la longueur ordinaire du vagin, et fit ajouter un manche.

La renaissance du dioptre fut un bienfait pour l'humanité, et se lie à l'essor qu'avait déjà pris l'anatomie pathologique et les recherches positives.

Les formes effrayantes que l'on trouve dans Pierre Franco, Ambroise Paré, Jean André de la Croix, etc., restèrent dans les livres et furent remplacées par d'autres d'un aspect plus doux et mieux appropriées aux parties; et, il faut l'avouer, l'attrait qui servit ces transformations a servi aussi à faire jaillir la lumière sur des questions jadis obscures de la pathologie des femmes, au point de vue de la sexualité.

Mais s'il est vrai que ce rajeunissement tardif fut profitable aux progrès de cette branche de la médecine, qui est la plus vaste des spécialités par l'étendue des connaissances qu'elle embrasse, que serait-ce si le discernement présidait toujours à l'application de cet instrument, et si elle n'avait souvent lieu sans choix, et à la légère! Combien de fois l'intromission a-t-elle été pratiquée et est-elle pratiquée tous les jours par des mains inhabiles et des personnes qui ignorent ce qu'elles prétendent chercher! Et cependant elle réclame une expérience particulière, et des données profondes en médecine; car les affections qu'elle doit éclairer sont très-complexes ; elle exige même du tact et de la philosophie ; car le moral comme le physique de la femme sont quelquefois dessinés dans l'état de ses organes génitaux.

Lorsque des raisons toujours graves et pesées décident à y recourir, il importe, avant tout, d'avoir fait une étude appliquée des altérations pathologiques qui peuvent se présenter ; autrement, on voit et l'on ne juge pas ; on entreprend une besogne stérile et presque condamnable.

Les maladies sexuelles de la femme sont si variées et souvent si difficiles à diagnostiquer, qu'elles doivent être appréciées avec les yeux de la tête et de l'esprit. Si le jugement ou le diagnostic qui ressort d'une attention calme et savante est susceptible d'être erroné, néanmoins, cela tient à l'incertitude de la science touchant les causes de certains faits, et à l'intelligence humaine dont les limites sont bornées.

« Il n'est point d'affection, dit M. le docteur Mê-
» lier, dans lesquelles une exploration *attentive, di-*
» *recte,* soit plus nécessaire, indispensable même,
» dans lesquelles elle donne des résultats plus po-
» sitifs. Le praticien qui s'en occupe ne saurait trop
» se pénétrer de cette vérité, dont l'expérience de
» chaque jour vient attester la haute importance ;

» rien ne peut tenir lieu de l'exploration, ni l'ob-
» servation la plus minutieuse des symptômes géné-
» raux ou communs, ni l'étude la plus approfondie
» des circonstances commémoratives, etc. »

Nous sommes de l'avis de M. le docteur Mêlier, le spéculum est appelé à soulever des difficultés qui se- raient insurmontables sans son secours, mais il n'est pas le juge, c'est le praticien. La palpation et le tou- cher se bornent fréquemment à aider le diagnostic, à le rendre plus précis ; rarement ils lui fournissent seuls une infaillible certitude. Que peuvent, en effet, ces deux moyens, lorsqu'il s'agit de constater des lésions de tissu à bords non saillants, siégeant sur la muqueuse du vagin, ou sur le col de l'utérus?

Le palper hypogastrique ne saurait faire apprécier que la position de l'utérus : sa hauteur, sa direction. Il réveillera fort peu son degré de sensibilité; le tou- cher est inhabile à renseigner suffisamment sur la nature de certaines lésions placées au fond du vagin, ou occupant le col, telles, par exemple, que la colo- ration de la membrane muqueuse, les ulcérations, etc. Il apprend la température des parties, leur degré de sensibilité, leur consistance, leur volume et leur forme ; renseignements précieux, c'est vrai, mais auxquels le spéculum, cet inévitable sacrifice attaché à la condition de bien observer, vient ajouter le pouvoir des yeux.

Toutefois, les yeux ne sauraient voir que ce que le spéculum découvre, et cela se comprend, puisque, suivant sa construction, il découvre plus ou moins la muqueuse tapissant les organes qu'il a pour objet d'offrir à l'investigation ; de là, nécessité de choisir, et l'on sera guidé dans ce choix par le besoin d'être fixé sur l'état du col de l'utérus, de plonger son regard vers les profondeurs du vagin (cul-de-sac vaginal), ou de parcourir simultanément toute l'étendue de la muqueuse utérine et vaginale déplissée. C'est une habitude irréfléchie d'employer le conique plein à tout venant ; il ne fait guère connaître que l'état du col qui, soit dit en passant, doit se trouver au bout, lorsqu'on le dirige dans le sens du toucher pratiqué préalablement. Pour la filière vaginale, elle ne s'aperçoit que d'une manière furtive au temps de retrait.

La commodité du conique plein qui, chez quelques praticiens, sert de prétexte à la préférence qu'ils lui accordent est un éloge peu mérité. Il est gros et lourd, et, quelles précautions qu'on prenne, il occasionne toujours de la douleur aux femmes dont le vagin est étroit, rigide ou enflammé.

La vue pénètre assez bien dans la profondeur du

vagin avec le trois-valves, ou le sept-valves de M. le docteur Guillou. Nous préférons le spéculum formé de deux portions de cylindre, de MM. les docteurs Jobert et Ricord, que M. Charrière a modifié en comblant le vide qui existait entre les deux cylindres. Ce dernier est construit de façon à agrandir le cul-de-sac vaginal sans dilater l'anneau vulvaire. On verra que le nôtre réunit ces deux avantages, et qu'il en possède d'autres qui le distinguent parmi tous les dioptres perfectionnés.

Les spéculums brisés (1) semblent suffire à tous les

(1) Le spéculum, divisé en deux ou plusieurs cylindres ou valves, est parfaitement décrit dans la thèse de M. le docteur Vernhes sur le dioptre ou spéculum (1848), avec les modifications que les médecins modernes lui fait subir. Ces modifications sont nombreuses; chaque médecin qui s'est occupé des maladies des femmes ayant produit les siennes. Ces spéculums ne sont pas tous usités.

Le spéculum des Anciens, qui n'était, en exceptant l'infundibulum et quelques autres formes, qu'un dilatatoire fort maladroit, lorsqu'il n'était pas un instrument de supplice ; est le canevas sur lequel on a brodé. Tant il est vrai que la nouveauté, sauf exceptions miraculeuses, tient du passé par le fond, et du présent par la forme, quand elle n'est pas la forme même.

Il y a réellement lieu d'être édifié en lisant la thèse de M. le docteur Vernhes, de la peine qu'il a dû se donner à fouiller tant de vieux livres pour nous représenter les figures monstrueuses des spéculums de ces temps reculés, où, comme le dit ce médecin très-érudit en cette matière, les hommes se persuadaient que toute science pour être de bon aloi devait se montrer hérissée d'effroyables difficultés.

Nul ne pouvait, alors, approcher du sanctuaire, hors les disciples.

cas. Voyons ce que l'exploration y gagne : elle y gagne l'aperçu des points de la muqueuse vaginale non recouverts par les cylindres écartés, l'aperçu du col , moins bien que par le conique plein , le déplissement, et enfin ce qu'il est permis d'entrevoir dans un retrait furtif.

L'inconvénient forcé de ces spéculums c'est de ne pouvoir exécuter, dans l'écart , le moindre mouvement de rotation, à cause des bourrelets formés par la muqueuse et le tissu sous-muqueux qui se précipitent entre les valves. Ces bourrelets les maintiennent à la distance de leur dilatation et s'opposent à leur rapprochement, à moins de ne vouloir pincer et froisser les parties. Malgré le soin qu'on peut mettre à introduire le spéculum bivalve, et à le dilater dans le vagin , dit M. le docteur Vernhes, il est rare que, dans le passage de la dilatation au rétrécissement, *et vice versá*, on ne pince pas la muqueuse qui vient faire hernie entre l'écartement des valves. M. le docteur Vernhes pouvait aller plus loin , et affirmer que le pincement est inévitable en rapprochant les cylindres ; et même il suffit d'avoir ouvert une seule fois un bivalve dans le vagin pour être convaincu qu'il y a obstacle matériel à ce rapprochement.

« Le spéculum de Mme Boivin, dit M. Velpeau

dans sa Médecine opératoire (1), me paraît le meilleur. Le seul inconvénient que je lui reproche est de laisser engager la membrane muqueuse du vagin entre ses bords, et d'exposer à la pincer quand on le laisse se refermer. Mais cet inconvénient, que les modifications proposées n'ont encore fait disparaître qu'imparfaitement, se retrouve à un bien plus haut degré dans le spéculum à trois valves de M. Hatin; celui de M. Colombat (2), et même celui de M. Bertz, qui, de plus, peuvent blesser les organes par leur pointe. »

Faisons maintenant ce court résumé :

Le spéculum brisé, quel que soit le nombre de ses valves, tout en permettant une exploration plus large que le conique plein, prive cependant la vue de ce que les cylindres cachent; puis il expose au pincement, au froissement des parties, ainsi qu'en conviennent MM. les docteurs Velpeau, Vernhes, etc. Ce dernier fait est donc irrécusable, si le premier ne l'est pas, eu égard au peu de largeur de certaines valves.

C'est après avoir réfléchi aux défectuosités du spéculum plein et bivalve que nous avons compris l'utilité de l'instrument que nous allons décrire, et dont

(1) Spéculum bivalve, non perforé.
(2) Spéculum septà valves.

l'exécution a été confiée à M. Capron, fabricant d'instruments de chirurgie, rue de l'Ecole-de-Médecine, 10.

La longueur de notre spéculum est de 13 centimètres ; elle est moindre que celle du conique, qui en a 14, à peu près. Des ouvertures quadrilatères et ovales, aussi rapprochées que le métal pouvait le permettre, pour la solidité, occupent sa circonférence. Lorsqu'il est ouvert, il est rond et *à six valves*. Ces valves s'étendent sans laisser de vide. Elles sont jointes par des charnières : dans cet état, l'extrémité utérine a 15 centimètres de circonférence, ce qui répond à la même étendue d'écart d'un spéculum brisé, et l'extrémité vulvaire 13. L'extrémité la plus large se trouve alors vers l'utérus et le cul-de-sac vaginal, et la plus étroite à la vulve. Mais pour l'intromission et la sortie, l'instrument étant fermé, n'a *ni la même forme, ni le même volume.* Sa forme, *au lieu d'être arrondie, représente un ovoïde aplati sur ses parties latérales,* et sa circonférence, *égale aux deux extrémités,* n'est plus que de 9 *centimètres.*

Cette diminution de circonférence ou de grosseur, et cette métamorphose en ovoïde aplati, sont obtenues à la faveur d'un mécanisme qui fait rentrer, *en dedans,* 6 *centimètres pour l'extrémité utérine et* 2 *pour l'extrémité vulvaire.*

De toutes les modifications que le dioptre a subies, aucune ne facilite autant l'introduction, la sortie et le mouvement sur place que cette faculté d'être très-petit, et ovoïde aplati, lorsqu'il est fermé. Nous pouvons assurer que les femmes ne le sentent pas.

Fig. 1. Spéculum fermé. — Fig. 2. Spéculum ouvert.

N° 1.

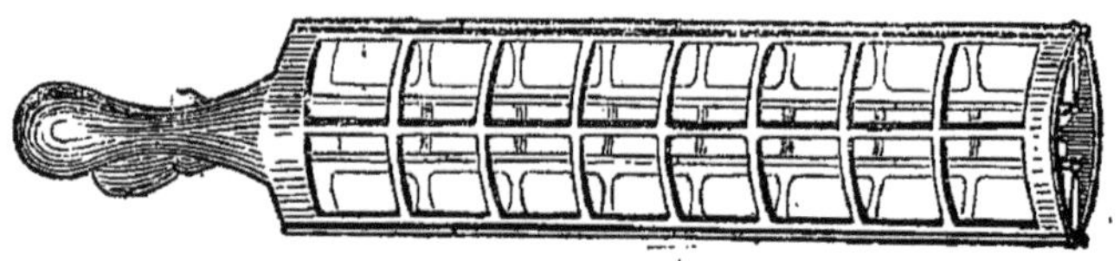

N° 2.

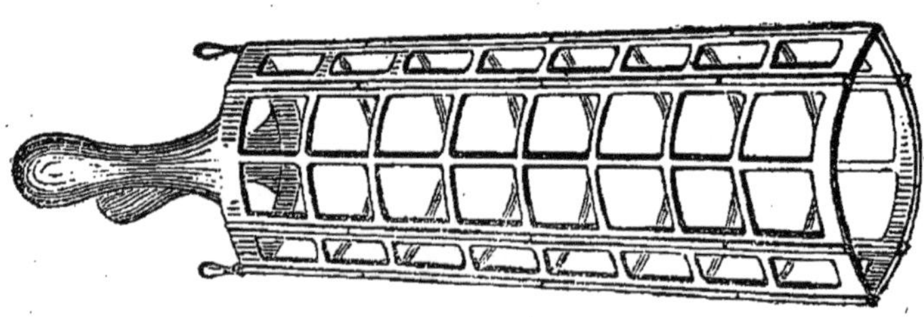

Pour l'intromission, il est garni d'un embout. Pour répondre à certaines indications, nous avons fait disposer l'extrémité vulvaire de manière à recevoir deux courroies destinées à faire le tour du corps, et deux tiges métalliques plates et recourbées, de 17 à 18 centimètres de longueur, pouvant être dirigées sous les fesses de la malade. Cet appareil tiendra l'instrument en place sans le secours d'un aide, si besoin est.

Il est facile de voir que notre spéculum ne ressemble point au conique usuel, et guère plus aux variétés à cylindres.

Assurément nous avons mis à profit les qualités éparpillées dans les diverses modifications du dioptre. Les idées nouvelles de toutes pièces ne sont pas dans le monde à poignées; mais d'une part, nous n'avons, dans aucun auteur, rencontré notre invention entière, et ce que nous connaissons de nos devanciers contemporains, en diffère et répond à des vues différentes des nôtres. Pour prouver cette assertion, nous citerons ces exemples : Madame Boivin, voulant mettre à découvert une portion de la muqueuse vaginale, *dans le cas où il serait nécessaire de cautériser*, fit ajouter au bivalve, dont M. Velpeau fait l'éloge, une petite fenêtre qu'elle fermait à volonté, à l'aide d'une valve qui glissait dans une coulisse. Cette ingénieuse addition n'a pas été goûtée. Elle méritait mieux. Et cependant cette petite fenêtre limitée dans son étendue ne pouvait montrer de la muqueuse que ce qui se trouvait en rapport direct avec la capacité de son ouverture, et conséquemment ne devait servir la cautérisation *pour laquelle elle avait été créée*, que lorsque la lésion du tissu venait s'y encadrer.

L'idée de M. Ricord était plus ambitieuse. Son spéculum, imaginé en 1838, d'après ce qu'en dit M. le docteur Vernhes, avait plusieurs fenêtres. Cette perforation du *conique usuel*, dont il est d'ailleurs fait mention dans Ambroise Paré, devait, suivant les intention du chirurgien des vénériens, *isoler les surfaces malades, et permettre l'introduction continuelle de l'air*, les parties exposées à son contact guérissant plus vite que celles qui lui échappent. Son application n'ayant pas été facile, M. le docteur Ricord y renonça ; puis il y revint, dit M. le docteur Vernhes, à qui nous empruntons ces détails, pensant qu'on pourrait l'employer *à la cautérisation vaginale* au nitrate d'argent ; mais il y renonça encore. *Ce spéculum* n'a pas été exécuté, et nous ignorons comment M. le docteur Vernhes a pu s'en procurer le dessin.

Un semblable aurait été proposé par M. le docteur Ricques. Il est inconnu.

Devons-nous citer aussi le tube porte-médicaments de M. le docteur Vernhes? Voici la description qu'il en donne dans sa thèse, page 124 : Cet instrument, dit-il, se compose d'un métal *criblé d'une multitude de trous*. Il est destiné à servir de *condom* au *trivalve*, et permettre à ce dernier de se développer entièrement dans son intérieur, de telle façon que lorsque le trivalve est arrivé à son développement le plus complet, sa face externe est en contact le plus parfait avec la face interne du cylindre criblé.

Sans contester les avantages qu'on peut retirer de cette invention dans les cas où les frictions, les cautérisations, et mieux les injections caustiques ou autres entrent dans la médication adoptée, il est visible que ce n'est pas un explorateur, mais une espèce d'arrosoir, un porte-médicaments, enfin, qui n'est comparable à celui que nous avons décrit sous aucun rapport, pas plus que celui de madame Boivin ni celui de M. docteur Ricord dont nous venons de parler. Ce dernier n'était que le dioptre conique percé d'ouvertures assez éloignées les unes des autres. Son volume irréductible rendait les ouvertures gênantes et douloureuses. Nul ne se prête mieux que

le nôtre à l'exploration complète des organes. Nul
surtout n'est moins douloureux par son changement
de forme et de volume sans pincement. Il est même
si petit, fermé, qu'il ne tient pas plus de place dans
la poche que le lancetier plat.

Après avoir fait connaître ce que l'observation avec
le conique plein présente de restreint, et quelquefois
de pénible, après avoir fait remarquer les inconvé-
nients avoués des praticiens du spéculum à valves,
et parlé du nôtre d'après nos convictions, il nous
reste à nous occuper des cas qui commandent son application, et des précautions qui doivent présider à
cette application.

Si l'on consulte les auteurs à l'égard des cas qui la
commandent, on apprend qu'on ne saurait, sans dan-
ger, en être trop économe, d'autant que dans les hôpitaux, des fleurs blanches bénignes, en apparence,
ont offert en même temps des ulcérations, ou un en-
gorgement plus ou moins douloureux du col de la

matrice. « Les maladies des organes génitaux, dit
» M. le docteur Mélier (1), sont dans une dépendance
» réciproque; car elles s'engendrent en quelque
» sorte, et se succèdent dans leur formation. Les plus
» graves, les plus décidément incurables ont souvent
» pour point de départ, pour cause primitive, une
» affection qu'il eût été facile de guérir, et dont la
» guérison eût arrêté le mal dans sa source. »

» La leucorrhée, ajoute-t-il, qui n'est souvent
» qu'un symptôme d'affection légère, devient à son
» tour la cause des maladies les plus graves. »

Ces opinions sont d'une grande valeur, bien que
les hôpitaux donnent une idée un peu exagérée des
conséquences ordinaires de la leucorrhée, et qu'il
n'en soit pas tout à fait ainsi dans la pratique en
ville.

Mais on gagne fréquemment à se livrer à des recherches attentives dans des cas où, au premier abord,
elles semblaient inutiles et superflues, puisqu'on
peut rencontrer des altérations pathologiques qu'on
était loin de soupçonner.

Puis, il est très-vrai, les renseignements fournis
par les femmes ne doivent pas inspirer une confiance

(1) Mélier, *Mémoire de l'Académie de Médecine.*

aveugle. Ils sont souvent mal rendus par ignorance, pudeur, ou crainte, ou détournés par pruderie et dissimulation. Avec certaines femmes, l'adresse et le tact peuvent être en défaut, sût-on mieux que quiconque ce que parler veut dire, et deviner le silence.

C'est donc une conduite sage de ne point s'arrêter de trop bonne foi à leurs récits ni aux circonstances commémoratives, et de se montrer désireux de toucher et de voir, pour ne pas commettre des fautes regrettables.

Toutefois on peut affirmer, sans se montrer partisans d'une molle curiosité, qu'il existe des sécrétions muqueuses génitales, variables en quantité et en couleur, non symptômatiques d'une altération organopathique, ni résultantes d'une cause spéciale ou spécifique. Mais comme rien ne vient de rien, comme tout phénomène qui n'est pas physiologique est morbide, bien que certains faits éliminatoires puissent se produire dans l'intérêt de la santé, ces sécrétions dépendent toujours, quelle que soit leur simplicité, d'une cause. En voici de très-fréquentes : l'habitation dans les grands centres de population, l'humidité, le défaut d'air et de soleil, l'alimentation, l'usage de quelques boissons, l'abus des bains chauds, certaines professions, les réactions morales ou de l'imagination sur les organes sexuels, les surexcitations sensuelles, le molimen menstruel, la grossesse, l'incontinence, l'action mécanique des corps étrangers, l'anémie générale ou locale produisant indirectement ou directement un état de relâchement de la muqueuse vaginale, utérine, ou utero-vaginale, etc.

Telles sont les causes communes susceptibles de favoriser et d'entretenir ces sécrétions. Quelques-unes ne les produisent qu'après avoir modifié la constitution, d'autres agissent tout d'abord sur les organes qui l'expriment.

Nous avons excepté à dessein de cet énoncé sommaire les scrofules, le cancer, l'idiosyncrasie psorique, l'arthrite et la blennorrhagie qui jouent un grand rôle dans la production et la persistance de ces maladies.

Elles sont plus ou moins aiguës. Souvent, c'est le contraire.

La chronicité peut avoir eu pour précédent l'acuité ou la sub-acuité.

Elles sont rarement continues.

Ce sont, enfin, ces sécrétions muqueuses appelées leucorrhée essentielle, catarrhe utérin, fleurs blanches, etc., dont les femmes de la ville font confidence avec la naïveté qu'inspire un accident vulgaire. Les Suissesses, raconte Zimmermann, parlent de cette incommodité comme d'un simple rhume de cerveau.

Dans ces conditions. un échange de questions et de réponses, l'âge, les mœurs, le régime, les habitudes et la constitution de la malade fourniront des éclaircissements suffisants au diagnostic, notamment chez les jeunes leucorrhéïques impubères ou non, *sed immaculatæ*.

Ici se place cette réflexion familière à tous les médecins, qu'une opération qui oblige l'abnégation complète de la pudeur, ce sentiment si délicat et si respectable, ne devra jamais être tenté sans nécessité grande. Autant il convient d'engager les femmes à s'y soumettre lorsqu'on la croit indispensable, autant il convient à la morale et à la dignité professionnelle de leur épargner ce piteux abandon, si l'on peut s'en passer sans nuire au jugement à porter.

Chez les vierges, l'intromission du spéculum est une affaire d'une extrême délicatesse. Elle ne doit être ni proposée ni exécutée sans absolue nécessité, et, si rien ne s'y oppose, sans l'assentiment de la famille. Mais si chez les vierges, une obligation pressante doit seule l'ordonner, si toujours elle appartient à l'utilité reconnue, chez les femmes avancées en âge elle réclame de telles précautions que parfois on est contraint d'y renoncer ; car la rigidité des parties, surtout vers l'anneau vulvaire, offre un obstacle qui, violemment vaincu par un spéculum volumineux, causerait infailliblement de la déchirure, et c'est à ces deux époques de la vie que l'instrument que nous avons imaginé nous sert merveilleusement.

Du reste, l'application du spéculum doit être soumise à des règles et à des restrictions connues des médecins qui se livrent à l'étude, et qui ont suivi les grands maîtres.

Le docteur Bourgery en parle assez longuement dans sa Médecine opératoire.

Lisfranc s'est exprimé à cet égard d'une manière minutieuse et pratique. Si, dit-il, le premier précepte du toucher est d'agir lentement et le plus délicatement possible, à plus forte raison pour l'application du spéculum.

Pour nous, nous pensons, sans nier l'utilité des conseils de nos maîtres, que l'habitude de cette opération, si simple en apparence, est fort nécessaire et peut seule triompher de l'embarras, éviter de fausses manœuvres et épargner de la douleur aux femmes.

Il faut pratiquer.

Imprimei .(Dondey-Dupré, rue Saint-Louis, 46, au Marais.

www.ingramcontent.com/pod-product-compliance
Ingram Content Group UK Ltd.
Pitfield, Milton Keynes, MK11 3LW, UK
UKHW020112100726
13658UKWH00005B/2116